Dieses Buch gehört:

ISBN: 978-3-96698-611-3

Erstauflage 2020
2020 Stay Inspired!

Versand und Vertrieb durch
Nova MD GmbH
Raiffeisenstraße 4
83377 Vachendorf

Texte und Rezepte:
Wolfgang Ries
www.kochen-mit-humor.de

Illustration und Grafik:
Lisa Wirth
Stay Inspired!
www.stayinspired.de

Bilder:
Eva Bachmann
www.madamedessert.de

Lektorat und Korrektorat:
Christina Sorg
www.korrektur-for-you.de

Printed in Czech Republic
FINIDR, s.r.o.
Lipová 1965
Český Těšín 737 01
Česká republika

stayinspired.official
stayinspired.official
stayinspired_official

www.stayinspired.de

Wilde Kinderküche

WOLFGANG RIES
UND LISA WIRTH

Vorwort

Als ich vor Jahren meine Liebe zu den heimischen Wildkräutern wiederentdeckte, bestellte ich als Einstieg im Internet einen Topf Gundermann. Ich war mir noch nicht ganz sicher, wie diese Pflanze aussieht und wollte daher alles richtig machen. Kaum war das Pflänzchen geliefert, war es auch schon im Kräuterbeet platziert. Wenige Wochen später entdeckte ich einen zweiten Gundermann – allerdings in einiger Entfernung. "Ups", dachte ich, „der vermehrt sich aber schnell!" Als ich mich umdrehte, sah ich auf der anderen Seite des Weges weitere Pflänzchen. Sogar ganz viele! Da merkte ich: Um mein ganzes Haus herum wuchs Gundermann! Überall! Ich hatte es nur nicht gewusst. Nicht nur mir geht es so! Überall stellt uns die Natur die besten Bio-Kräuter zur Verfügung. Wir erkennen sie nur nicht! Stattdessen sagen wir zu unseren Kindern: „Fass das nicht an, das ist bäh!" und gehen danach in den Supermarkt, um für viel Geld langweilig schmeckende Turbo-Kräuter aus dem Gewächshaus zu kaufen. Ich jedenfalls habe mir nach dieser aufschlussreichen Erfahrung ein Wildkräuterbuch besorgt und bin damit auf Erkundungsreise gegangen. Was ich dabei gefunden habe, hat mich sehr erstaunt. Denn in meiner unmittelbaren Umgebung gibt es ganz, ganz viele tolle Pflanzen, mit denen sich leckere Gerichte zaubern lassen.

Die "Wilde Kinderküche" zeigt eine Auswahl meiner Ideen. Die Präsentation der Gerichte ist jedoch lediglich ein Vorschlag. Wer es anders machen will, der soll das auch! Hauptsache gesund, ganz ohne Fertigfutter und lecker.

"Hauptsache gesund, ganz ohne Fertigfutter und lecker."

Wolfgang Ries

Inhalt

FRÜHLING

SOMMER

HERBST

BASICS

MEINE
WILDE KINDERKÜCHE

Kleine Kräuterkunde

FRÜHLING

Ganz viele Pflanzen, Blüten und Beeren sind nicht nur essbar und gesund, sondern schmecken auch noch äußerst lecker. Gerade jetzt im Frühling strotzt die Natur mit einem reichhaltigen Angebot. Hier seht ihr eine kleine Auswahl der Pflanzen, die jetzt vor unserer Haustür wachsen. Aber Achtung! Manchmal gibt es giftige Doppelgänger. Geht daher immer mit einem sachkundigen Erwachsenen zum Kräutersammeln!

Wilder Schnittlauch

Der Frühaufsteher unter den Kräutern! Kaum ist der letzte Schnee geschmolzen, finden sich die röhrenartigen Stängel, ähnlich eines Grasbüschels, in Gärten und auf Feldern. Der Geschmack erinnert an Zwiebeln und Knoblauch, nur feiner. In Röllchen geschnitten schmeckt er auf Salaten, im Quark oder auf dem Butterbrot. Aber auch als Topping in Suppen und Eintöpfen.

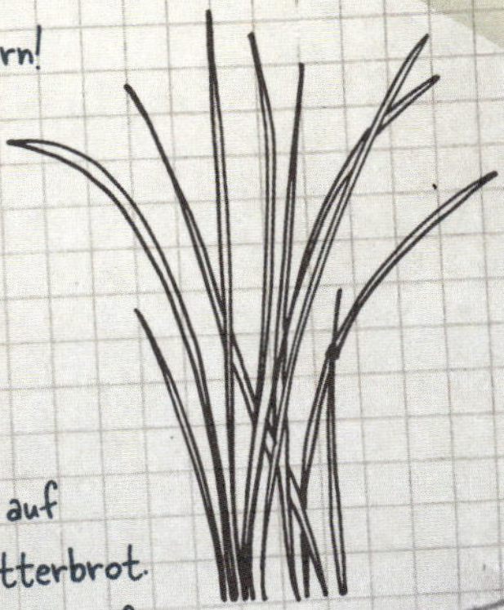

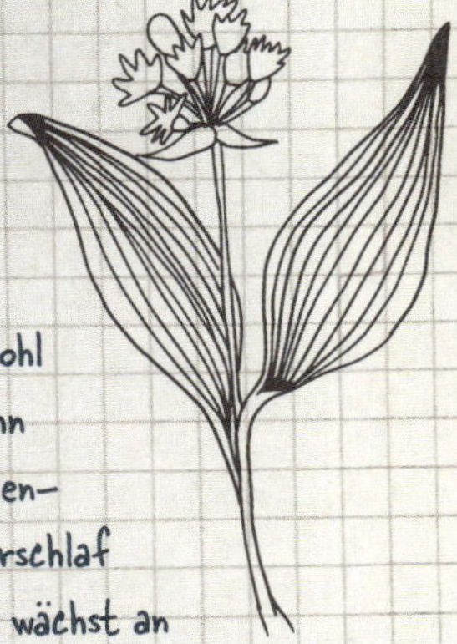

Bärlauch

Sein Name kommt wohl daher, dass Bären ihn früher in großen Mengen nach dem Winterschlaf gefressen haben. Er wächst an feuchten, schattigen Plätzen im Wald oder am Waldrand. Sein Geschmack erinnert stark an Knoblauch, nur feiner. Leider gibt es einige giftige Doppelgänger, wie z. B. das Maiglöckchen. Daher immer mit erfahrener Begleitung sammeln.

Löwenzahn

Wer kennt ihn nicht? Im zeitigen Frühjahr ist er fast überall zu finden. Seine Blätter haben viele Spitzen – wie Löwenzähne. Die Blüten sind kräftig gelb. Später werden Pusteblumen daraus. Essbar ist tatsächlich die ganze Pflanze, allerdings sind die Blätter und Wurzeln etwas bitter. Die Blüten eignen sich trotzdem für köstliche Süßspeisen, Sirupe und Honig.

Gundermann

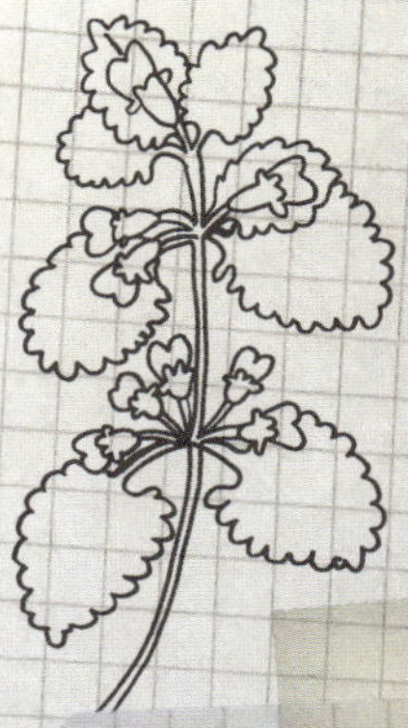

Unscheinbar, aber sehr verbreitet, wächst er mit langen Ausläufern an schattigen Stellen und auf feuchten Wiesen. Die Blätter sind nieren- bis herzförmig mit eingekerbten Rändern und wachsen immer paarweise gegenüber. Aus den Blattansätzen wachsen mehrere rosa bis violette Blüten. Durch seinen würzig-herben Geschmack eignet sich Gundermann als Gewürz, passt aber auch zu Süßspeisen.

Knoblauchsrauke

Weit verbreitet und etwas unterschätzt ist die ca. 1 m hohe Pflanze. Ihre zarten Blätter sind nieren- bis herzförmig, fast dreieckig, und an den Rändern grob gekerbt. An der Spitze wachsen kleine weiße Blüten. Durch den feinen Geschmack, der an Knoblauch und Kresse erinnert, sind die jungen Blätter vielfach einsetzbar. Zum Verfeinern von Salaten, Dips oder als Brotbelag mit Butter.

Waldmeister

Der Meister des Waldes! Nicht umsonst wird dieses Kraut so genannt. Seine aromatisch riechenden Blätter stehen sternförmig in mehreren Etagen um den vierkantigen Stängel. An der Spitze bilden sich doldenartige weiße Blütenstände. Das Kraut wird kurz vor der Blüte gepflückt und über Nacht getrocknet. Nur so entfaltet sich das volle Aroma. Aber Achtung! Zu viel davon verursacht Kopfschmerzen.

Smiley

Zubereitungszeit: ca. 15 Min. Portionen: 1 - 2

Bewertung: ○ ○ ○ ○ ○ leicht ● mittel ○ schwer ○

Zutaten:

- 2 Scheiben Vollkornbrot
- 100 g Frischkäse
- 1 Babybel (runder Butterkäse)
- 1 Cocktailtomate
- ½ Bd. wilder Schnittlauch
- kleine Möhren
- Staudensellerie
- Salatblätter

Tipp: Wilder Schnittlauch eignet sich hervorragend zum Einfrieren. Dazu den Schnittlauch waschen und trocken schleudern. In kleine Röllchen schneiden und einfrieren.

➳ Schnittlauch und Gemüse waschen und trocknen. Die Möhren schälen, vom Sellerie die fasrige Haut abziehen.

➳ Eine Brotscheibe mit Frischkäse bestreichen. Von der Mitte aus strahlenförmig Schnittlauchhalme auslegen. Überstehende Stücke abschneiden.

➳ Aus der zweiten Scheibe Vollkornbrot sehr vorsichtig einen großen Lachmund ausschneiden, ihn beiseitelegen und die Scheibe auf die bestrichene Brotscheibe legen.

➳ Den Babybel quer halbieren und die beiden Hälften als Augen auf das Brot legen. Mit Tomatenmark die Pupillen aufspritzen. Die Tomate halbieren und eine Hälfte als Nase unter die Augen setzen. Etwas Salat zwischen Käse und Brotscheibe klemmen und damit die Haare darstellen.

➳ Zum Schluss mit einem Selleriestück und vier Möhren den Körper legen und diesen mit Frischkäse und Schnittlauchröllchen dekorieren.

Bimmelbahn

Zubereitungszeit: ca. 40 Min. *Portionen:* 3 - 4

Bewertung: ○ ○ ○ ○ ○ *leicht* ○ *mittel* ● *schwer* ○

Zutaten:

- 200 G FRISCHKÄSE ○
- 1-2 EL SAURE SAHNE ○
- 2 EL WILDER SCHNITTLAUCH (in Röllchen geschnitten) ○
- 1 TL SENF ○
- SALZ, PFEFFER ○
- 750 G KARTOFFELN (festkochend) ○
- SCHWARZE MÖHREN ○

➳ Kartoffeln mit Schale in einen großen Topf geben und mit Wasser auffüllen bis sie gerade bedeckt sind. Mit geschlossenem Deckel aufkochen, Salz zugeben und 20 Min. kochen lassen. Abschütten und ausdampfen lassen.

➳ Frischkäse, saure Sahne, Schnittlauch und Senf mischen und mit Salz und Pfeffer abschmecken.

➳ Kartoffeln und Möhren schälen. Möhren in dicke Röllchen schneiden. Eine Kartoffel längs halbieren und eine zweite als Lokomotive zuschneiden. Lokomotive und Waggons hintereinander anrichten, die Möhrenröllchen als Räder neben die Kartoffelstücke setzen.

➳ Je einen Klecks Frischkäsezubereitung auf die Kartoffeln geben und mit Schnittlauchröllchen bestreuen.

➳ Zum Schluss ein langes Möhrenstück als Schornstein in die Lokomotive stecken.

Piepmatz

Zubereitungszeit: ca. 20 Min. *Portionen:* 3 - 4

Bewertung: ○ ○ ○ ○ ○ *leicht* ● *mittel* ○ *schwer* ○

Zutaten:

- 5 HART GEKOCHTE EIER ○
- 100 G SCHMAND ○
- 100 G MAGERQUARK ○
- 1 EL SENF ○
- 1 TL ZITRONENSAFT ○
- 2 EL WILDER SCHNITTLAUCH (in Röllchen geschnitten) ○
- SALZ, PFEFFER ○

Zutaten je Piepmatz:

- 1 BRÖTCHEN ○
- ½ MÖHRE ○
- 2 HEIDELBEEREN ○

➳ Die Eier schälen, halbieren und die Dotter vom Eiweiß trennen. Das Eiweiß klein hacken.

➳ Die Dotter durch ein feines Sieb streichen. Mit Schmand, Quark, Senf und dem Zitronensaft mischen. Schnittlauchröllchen und Eiweiß untermischen dann mit Salz und Pfeffer abschmecken.

➳ Ein Brötchen aufschneiden und das Oberteil längs halbieren. Danach die beiden Hälften als Flügel zuschneiden.

➳ Die Flügel und das Unterteil mit dem Aufstrich bestreichen und auf einem Teller als Vogel anrichten.

➳ Die Möhre waschen und schälen. Die Füße, den Schnabel sowie die Kopffedern ausschneiden und den Vogel damit dekorieren. Zum Schluss die beiden Beeren als Augen in den Aufstrich drücken.

Tipp:
So lassen sich die Toastbrötchen ganz einfach in Form schneiden.

Marsmännchen

Zubereitungszeit: ca. 20 Min. *Portionen:* 3 - 4

Bewertung: ○ ○ ○ ○ ○ *leicht* ● *mittel* ○ *schwer* ○

Zutaten:

200 G	MILDER SCHAFSKÄSE	○
150-200 G	NATURJOGHURT	○
10-20	BÄRLAUCHBLÄTTER	○
1 MSP.	CHILIPULVER	○

Zutaten je Marsmännchen:

- 1 FLACHES RUNDES ROGGENMISCH-TOASTBRÖTCHEN (= 2 Hälften) ○
- 2 KLEINE, RUNDE SCHEIBEN PARTYPUMPERNICKEL ○
- 2 SCHWARZE OLIVEN ○
- 1 ROTE SPITZPAPRIKA ○

➳ Die beiden Toastbrötchenhälften toasten. Flach drücken und etwas abkühlen lassen.

➳ Joghurt, Schafskäse und Chilipulver fein pürieren. Die zwei Pumpernickelscheiben damit bestreichen.

➳ Die Bärlauchblätter gut waschen, trocken tupfen und fein schneiden. Zusammen mit dem restlichen Aufstrich pürieren.

➳ Eine Brötchenhälfte, wie links abgebildet, zuschneiden.

➳ Die Brotzuschnitte sowie die andere Brötchenhälfte mit dem Bärlauchaufstrich bestreichen. Mit den Pumpernickelscheiben als Marsmännchen auf einem Teller anrichten.

➳ Die Spitzpaprika waschen, trocknen und die Spitze abschneiden. Diese als Nase auf das Marsmännchen setzen. Vom Rest einen dünnen Streifen abschneiden und als Mund unter die Nase legen.

➳ Zum Schluss die Oliven als Pupillen in die Augen drücken.

Bratwurstmännchen

Zubereitungszeit: ca. 30 Min. Portionen: 3 - 4

Bewertung: ○ ○ ○ ○ ○ leicht ○ mittel ● schwer ○

Zutaten Kartoffelgemüse:

750 G	GEKOCHTE KARTOFFELN VOM VORTAG (mehlig kochend)	○
250-300 ML	GEMÜSEBRÜHE	○
2 EL	BUTTER	○
1-2	SCHALOTTEN	○
3 EL	CRÈME FRAÎCHE	○
6-8	BÄRLAUCHBLÄTTER	○
	SALZ, PFEFFER, MUSKATNUSS	○

Zutaten Bratwurstmännchen:

6-8	NÜRNBERGER BRATWÜRSTE	○
	QUARK	○
	TOMATENMARK	○
	ETWAS MÖHRE ODER EIN STÜCK BÄRLAUCHSTÄNGEL FÜR DIE NASE	○

➳ Kartoffeln schälen und in 5 mm dicke Scheiben schneiden.

➳ Die Bärlauchblätter gut waschen. Trocken tupfen, den Stängel entfernen und in feine Streifen schneiden. Schalotten schälen und fein würfeln.

➳ Butter bei mittlerer Stufe in einem Topf erhitzen. Die Zwiebelwürfel darin glasig dünsten. Mit der Gemüsebrühe ablöschen.

➳ Kartoffelscheiben zugeben, vorsichtig umrühren und aufkochen. Bei mittlerer Stufe so lange köcheln lassen bis ein dickliches Gemüse entsteht.

➳ Crème fraîche und Bärlauchstreifen unterheben und mit Salz, Pfeffer und Muskatnuss abschmecken.

➳ Für die Bratwurstmännchen zwei Würstchen auf einer Seite ein Drittel einschneiden. Darüber rechts und links von der anderen Seite her jeweils einen kleinen Schnitt setzen. Diese ergeben später die Arme.

➳ Öl in einer Pfanne erhitzen und die Bratwürste darin anbraten. Kartoffelgemüse anrichten. Die zwei Männchen, wie abgebildet, dekorieren und auf dem Kartoffelgemüse anrichten.

Zutaten Leo Löwe:

- 250 G MASCARPONE
- 250 G MAGERQUARK
- 125 G LÖWENZAHNGELEE
- 5 EIGELB, GRÖSSE L
- ½ BIO-ORANGE (SAFT)
- ½ BIO-ZITRONE (SAFT)
- 6 BLATT GELATINE

Zutaten Dekoration:

MANDARINEN, KEKSE,
SPAGHETTI, NUSSNOUGATCREME,
PORZELLANSCHÄLCHEN

Leo Löwe

Zubereitungszeit: ca. 40 Min. *Portionen:* 3 - 4

Bewertung: ○ ○ ○ ○ ○ *leicht* ○ *mittel* ○ *schwer* ●

Zutaten Löwenzahn-Gelee:

- 175 G LÖWENZAHNBLÜTEN ○
- 750 ML WASSER ○
- 1 BIO-ORANGE ○
- 2 BIO-ZITRONEN ○
- 500 G ROHROHRZUCKER ○
- 3 EL APFELPEKTIN ○

Löwenzahn-Gelee:

➳ Die geernteten Blüten für 10 Min. auf ein weißes Tuch in die Sonne legen. Das vertreibt die Insekten.

➳ Anschließend 30 Min. abdecken, damit sich die Blüten etwas schließen. Nun die grünen Stielansätze entfernen.

➳ Die Orange und eine Zitrone waschen und in Scheiben schneiden. Zusammen mit dem Wasser und den Blüten aufkochen und 1 Min. kochen lassen. Vom Herd nehmen und zugedeckt 1 Std. ziehen lassen.

➳ In der Zwischenzeit Schraubgläser mit kochendem Wasser ausspülen und kopfüber abtropfen lassen.

➳ Die Flüssigkeit abseihen. Die zweite Zitrone auspressen und den Saft mit dem Apfelpektin und dem Rohrohrzucker zur Flüssigkeit geben. Aufkochen und 3 – 4 Min. kochen lassen. In die vorbereiteten Gläser füllen und verschließen.

Leo Löwe (Zutaten auf S. 16):

➳ Gelatine in kaltem Wasser einweichen.

➳ Eigelbe mit dem Gelee über dem heißen Wasserbad 10 Min. schaumig schlagen und die Gelatine zugeben.

➳ Mascarpone, Quark, Zitronen- und Orangensaft unterheben. Schälchen mit kaltem Wasser ausspülen und die Masse hineinfüllen. Über Nacht kalt stellen.

➳ Eine Portion Creme auf einen Teller stürzen. Die Mandarinen schälen, die Schnitze längs halbieren und um den Kopf verteilen. Mit den Keksen die Beine und Ohren anlegen und anschließend Kekskrümel um den Kopf verteilen.

➳ Zimmerwarme Nussnougatcreme in eine kleine Einwegspritze (aus der Apotheke) füllen und damit das Gesicht aufspritzen, sowie die Ohren und Beine nach Belieben verzieren. Spaghetti als Tasthaare in die Creme stecken und servieren.

Tipp:
So lassen sich die Toastbrötchen ganz einfach in Form schneiden.

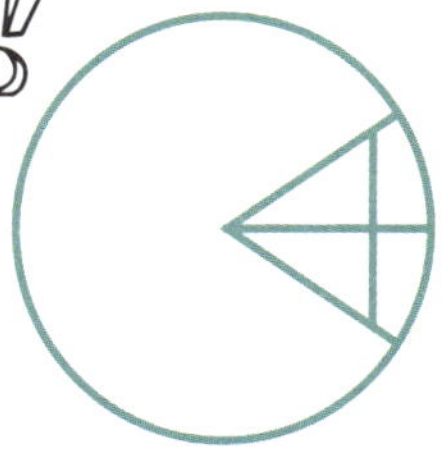

Vielfraß

Zubereitungszeit: ca. 30 Min. **Portionen:** 3 - 4

Bewertung: ○ ○ ○ ○ ○ leicht ● mittel ○ schwer ○

Zutaten Blütenbutter:

125 G	WEICHE BUTTER	○
15	LÖWENZAHNBLÜTEN	○
15	GÄNSEBLÜMCHEN	○
½ TL	SALZ	○
1 MSP.	FRISCH GEMAHLENER SCHWARZER PFEFFER	○

Zutaten je Vielfraß:

- ½ RUNDES ROGGENMISCH-TOASTBRÖTCHEN ○
- 1 SCHWARZE OLIVE OHNE STEIN ○

➳ Die frisch geernteten Löwenzahnblüten für 10 Min. auf ein weißes Tuch in die Sonne legen, das vertreibt die Insekten.

➳ Die Butter mit dem Salz und dem Pfeffer in eine Schüssel geben.

➳ Die Blüten der Gänseblümchen fein hacken. Die grünen Teile der Löwenzahnblüten abschneiden und die gelben Blütenteile mit den Gänseblümchen zur Butter geben. Gut mischen und kühl stellen.

➳ Das Toastbrötchen toasten. Etwas flach drücken und abkühlen lassen.

➳ Entsprechend der Abbildung links mit einem scharfen Messer zuschneiden.

➳ Alle Einzelteile mit der Blütenbutter bestreichen und als Vielfraß auf einen Teller legen. Aus der Olive eine Scheibe ausschneiden und als Auge auf den Körper legen.

Mäusebrötchen

Zubereitungszeit: ca. 1,2 Std. *Portionen:* 5 Mäuse

Bewertung: ○ ○ ○ ○ ○ *leicht* ○ *mittel* ● *schwer* ○

Zutaten:

500 G	DINKELMEHL	○
200 G	GRÜNKERNMEHL	○
400 ML	LAUWARME MILCH 3,5 %	○
21 G	FRISCHE HEFE (½ Würfel)	○
1	EI, GRÖSSE L	○
1 TL	SALZ	○
2 EL	OLIVENÖL	○
10-15	STÄNGEL GUNDERMANN	○

Zutaten Dekoration:

3-4 EL	GROB GEHACKTE HASELNÜSSE	○
8	GANZE HASELNÜSSE	○
	VOLLKORN-SPAGHETTI	○

➳ Gundermann waschen und trocken schleudern. Die Blätter und Blüten vom Stängel zupfen. Zur Milch geben und fein pürieren.

➳ Mehl in eine Schüssel sieben und eine Vertiefung in die Mitte drücken. Öl und Salz in die Vertiefung geben. Hefe in der Milch auflösen, dann ebenfalls in die Vertiefung geben.

➳ Alles zusammen gut durchkneten und zugedeckt an einem warmen Ort 30 Min. gehen lassen.

➳ Backofen auf 175 °C (Ober- und Unterhitze) vorheizen.

➳ Den Teig in fünf gleiche Portionen teilen. Diese wiederum halbieren. Aus der einen Hälfte die beiden Ohren, aus der anderen den Kopf formen.

➳ Ein Backblech mit Backpapier auslegen und die Mäuse daraufsetzen. Das Ei mit 1 - 2 EL Milch verrühren und die Mäuse damit einpinseln. Zwei Haselnüsse als Augen auf den Teig drücken. Mit den gehackten Nüssen die Ohren und die Nase dekorieren. Zum Schluss einige Spaghettistücke als Barthaare in den Kopf stecken.

➳ 15 - 20 Min. im Backofen auf der mittleren Schiene backen.

Zutaten Tomatensoße:

3 EL	OLIVENÖL
1	KLEINE ZWIEBEL
2 EL	TOMATENMARK
5 G	KNOBLAUCHSRAUKENBLÄTTER
400 G	PIZZATOMATEN AUS DER DOSE
1	PRISE ZUCKER
	SALZ, PFEFFER

Lurchi

Zubereitungszeit: ca. 1,5 Std. Portionen: 5 - 6

Bewertung: ○ ○ ○ ○ ○ leicht ○ mittel ○ schwer ●

Zutaten Klöße:

- 400 G KARTOFFELN, mehlig kochend ○
- 200 G MÖHREN ○
- 10 G KNOBLAUCHSRAUKENBLÄTTER ○
- 2 EIER, GRÖSSE L ○
- 150 G MEHL, TYP 405 ○
- SALZ, PFEFFER, MUSKATNUSS ○

Zutaten Dekoration:

- 1 MÖHRE ○
- ETWAS MAGERQUARK ○
- ETWAS TOMATENMARK ○

Klöße:

➳ Die Kartoffeln und Möhren schälen und in grobe Stücke schneiden. In einen Topf geben, mit kaltem Wasser auffüllen, 1 TL Salz zugeben, und zugedeckt zum Kochen bringen. 15 Min. bei mittlerer Hitze garen. Abschütten und ausdampfen lassen. Anschließend noch warm durch die Kartoffelpresse drücken und abkühlen lassen.

➳ Knoblauchsraukenblätter waschen, trocken schleudern und klein hacken.

➳ Die abgekühlte Kartoffelmasse mit den Kräutern, den Eiern und dem Mehl verkneten und mit Salz, Pfeffer und Muskatnuss würzen.

➳ Mit feuchten Händen 15 Klöße formen und in siedendem Salzwasser 20 Min. gar ziehen lassen.

Tomatensoße (Zutaten auf S. 22):

➳ Für die Soße die Zwiebel schälen und fein hacken. Öl in einem Topf erhitzen und die Zwiebel darin glasig dünsten. Tomatenmark zugeben, ebenfalls anrösten und mit den Pizzatomaten ablöschen. Knoblauchsraukenblätter hacken, unterheben und die Soße mit den Gewürzen abschmecken.

➳ Die Möhre schälen und daraus die Füße und die Ohren schneiden. Quark und Tomatenmark getrennt in zwei Spritzen füllen.

➳ Etwas Soße auf eine Platte geben. Darauf vier Klöße hintereinander platzieren. Die Füße neben den Körper legen und die Ohren in den Kopf stecken.

➳ Augen und Mund aufspritzen und aus einem Raukenstängel zwei Fühler herstellen und in den Kopf stecken.

Schildkröte

FRÜHLING

Zubereitungszeit: ca. 1 Std. *Portionen:* 4 Schildkröten

Bewertung: ○ ○ ○ ○ ○ *leicht* ○ *mittel* ● *schwer* ○

Zutaten:

250 G RICOTTA
½ BIO-ZITRONE (Abrieb und Saft)
2 EIER, GRÖSSE M
2-3 EL SEMMELBRÖSEL
30 G BUTTER
25 G PARMESAN, GERIEBEN
1 HANDVOLL BLÄTTER VON DER KNOBLAUCHSRAUKE
SALZ, PFEFFER
BUTTER UND SEMMELBRÖSEL,
4 PORZELLANSCHALEN, INHALT 125 ML

Zutaten Dekoration:

MÖHREN, QUARK UND ETWAS KNOBLAUCHSRAUKE

➳ Die Eier trennen und das Eiweiß steif schlagen. Knoblauchsraukenblätter waschen, trocken schleudern und fein hacken.

➳ Die Butter in einem Topf schmelzen, vom Herd nehmen und etwas abkühlen lassen. Ricotta, Zitronenschale und -saft, Salz, Pfeffer, Eigelbe, Semmelbrösel und Parmesan zugeben und pürieren. Zum Schluss das Eiweiß unterheben.

➳ Die Porzellanschalen mit Butter einfetten mit Semmelbrösel ausbröseln und ein paar Minuten in die Gefriertruhe stellen.

➳ Die Masse in die vorbereiteten Porzellanschalen verteilen. Diese in eine tiefe Auflaufform stellen und mit kochendem Wasser auffüllen bis die Schalen zur Hälfte im Wasser stehen.

➳ Auflaufform im Backofen auf die mittlere Schiene stellen. Bei 175 °C (Ober- und Unterhitze) 25 Min. garen.

➳ Die Schalen aus dem Wasser nehmen. Mit einem kleinen Messer die Masse vom Rand lösen und auf einen Teller stürzen.

➳ Mit den Möhren, dem Quark und etwas Knoblauchsrauke als Schildkröte dekorieren und warm servieren.

Große Waldameise

Zubereitungszeit: ca. 40 Min. *Portionen:* 2 - 3 Waldameisen

Bewertung: ○ ○ ○ ○ ○ *leicht* ○ *mittel* ● *schwer* ○

Zutaten Remoulade:

1	EIGELB, GRÖSSE L	○
1 EL	SENF	○
1 EL	ZITRONENSAFT	○
125 ML	SONNENBLUMENÖL	○
1 PRISE	ZUCKER, SALZ, PFEFFER	○
2	GEKOCHTE EIER	○
1–2	CORNICHONS	○
4–5	STÄNGEL KNOBLAUCHSRAUKE	○

Zutaten Waldameise:

• 500 G	KLEINE, BLAUE ODER VIOLETTE KARTOFFELN	○
• 1 TL	KÜMMEL	○
• 1 TL	SALZ	○
• ETWAS	QUARK	○

➳ Das Eigelb mit Senf und Zitronensaft in ein hohes Gefäß geben. Mit dem Handrührgerät verrühren. Während des Rührens das Öl erst tropfenweise, dann in einem dünnen Strahl zugeben.

➳ Mit Salz, Pfeffer und Zucker abschmecken.

➳ Die gekochten Eier pellen und klein hacken. Gurken in kleine Würfel schneiden. Blätter der Knoblauchsrauke waschen, trocknen und fein hacken.

➳ Eier, Gurken und Knoblauchsrauke unter die Remoulade heben.

➳ Kartoffeln gründlich waschen. In einen Topf geben und mit so viel Wasser auffüllen, dass die Kartoffeln gerade bedeckt sind. Salz und Kümmel zugeben und das Wasser zum Kochen bringen. Bei mittlerer Hitze 20 Min. kochen lassen. Abschütten und abdampfen lassen.

➳ Für je eine Ameise aus einer länglichen Kartoffel sechs Beine schneiden. Auf einer Platte etwas Remoulade verteilen. Drei Kartoffeln hintereinander darauflegen und je drei Beine daneben verteilen.

➳ Quark in eine Spritze füllen und Augen und Mund aufspritzen. Aus einem Knoblauchsraukenstängel die Fühler herstellen und in den Kopf stecken.

Tipp: Sobald die Sahne fest ist, aufhören zu schlagen, sonst wird Butter draus.

Schneckenrennen

Zubereitungszeit: ca. 45 Min. + Kühlzeit *Portionen:* 8 Schnecken

Bewertung: ○ ○ ○ ○ ○ *leicht* ● *mittel* ○ *schwer* ○

Zutaten:

- 200 ML NATURJOGHURT, 3,5 % ○
- 200 ML SCHLAGSAHNE ○
- 100 ML WALDMEISTERSIRUP (REZEPT AUF S. 78) ○
- 2 EL VANILLEZUCKER ○
- 1 MSP. ABRIEB EINER BIO-ZITRONE ○
- 1 MSP. SALZ ○
- 2–3 WAFFELPLATTEN, CA. 30 X 30 CM ○
- 8 DESSERTRINGE, Ø 8 CM ○

Zutaten Dekoration:

ERDBEEREN, QUARK ODER JOGHURT UND SCHOKOLADENPLÄTTCHEN

➳ Den Zitronenabrieb zusammen mit Salz und Vanillezucker mörsern oder in der Küchenmaschine zerkleinern. Mit dem Joghurt und dem Sirup mischen.

➳ Die Sahne aufschlagen und vorsichtig unter die Joghurt-Sirup-Mischung heben.

➳ Mit den Dessertringen aus den Waffeln 16 Kreise ausstechen. Dessertringe auf ein Tablett stellen und je eine Waffel in einen Dessertring legen.

➳ Die flüssige Eismasse in den Dessertringen verteilen und mit einem Waffelkreis als Deckel bedecken.

➳ Etwas festdrücken und im Eisfach über Nacht gefrieren lassen.

➳ Für den Kopf: Von einer Erdbeere längs ein Drittel abschneiden. Eine Zweite längs vierteln. Ein Waffeleis hochkant stellen. Kopf und Füße neben die Waffel legen. Quark in eine Spritze füllen. Die Augen aufspritzen und ein Stück Schokolade als Pupillen in den Quark drücken.

Kleine Kräuterkunde

SOMMER

Sommer, die Zeit der stattlichen Blüten, der großen Vielfalt und der verschwenderischen Mengen, die unübersehbar an Bachläufen, Wiesen und Parks zu finden sind. Diese große Fülle lädt zum Schauen, Riechen und natürlich zum Kochen ein.

Gänseblümchen

Überall und fast jederzeit blüht das nussig-mild schmeckende Gänseblümchen. Die Hauptsaison ist jedoch von Frühling bis Sommer. Dann eignen sie sich nicht nur als tolle Dekoration für Salate, Nudeln und auf Broten. Sie schmecken auch hervorragend in Suppen und zu Gemüse.

Brennnesseln

Kinder mögen sie nicht, Raupen schon! Denn die ausdauernde, bis zu 1,5 m hohe Pflanze, mit ihren gezackten Blättern und den fiesen Brennhaaren, ist ein Grundnahrungsmittel für viele Schmetterlingsraupen. Richtig zubereitet schmecken die jungen, zarten Blätter aber auch uns Menschen als Spinat oder als Süppchen. Sogar Chips kann man daraus herstellen. Ohne Fett in einer Pfanne bei mittlerer Hitze rösten bis sie knusprig sind. Salz drauf, fertig!

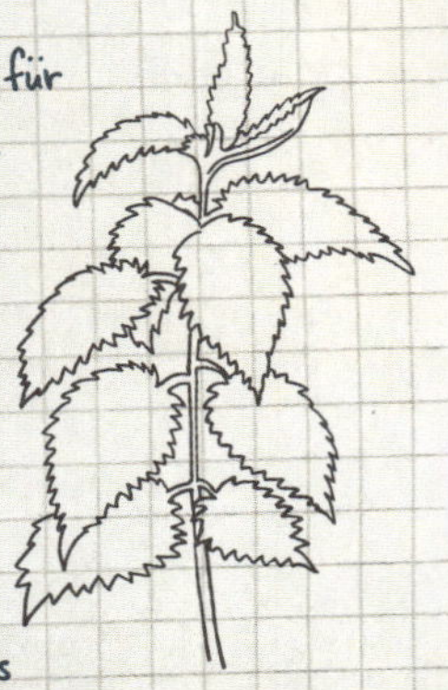

Schwarzer Holunder

Früher wuchs der bis zu 10 m hohe Baum als Schutzpflanze auf jedem Bauernhof. Heute steht er an vielen Waldrändern, an Hecken und in Gärten. Im Sommer eignen sich die weißen Blütenschirmchen für leckere Sirupe, für Gelees und als Küchlein. Die schwarzen Beeren ergeben in Apfelsaft und mit Zucker gekocht einen köstlichen Saft, der nicht nur jede Erkältung vertreibt, sondern auch eine tolle Basis für Suppen und Soßen ist.

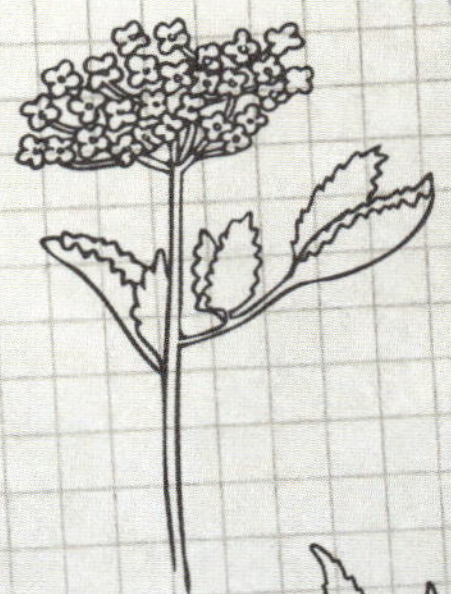

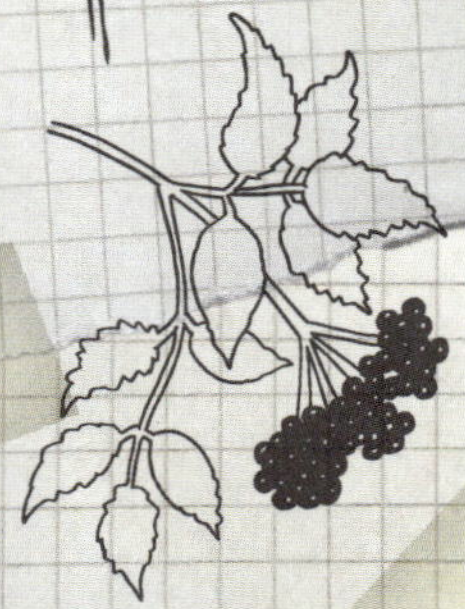

Mädesüß

Auch wenn es anders scheint, den Name hat die Pflanze nicht von süßen Mädchen. Sie wurde vielmehr schon im Mittelalter hoch geschätzt und z. B. als Aroma für Honigwein verwendet. Die 1,5 m hohe Pflanze wächst meist an Bachläufen und hat gefiederte Blätter. Die stark duftende cremefarbene Blütenrispe eignet sich hervorragend zum Aromatisieren von Getränken und Süßspeisen.

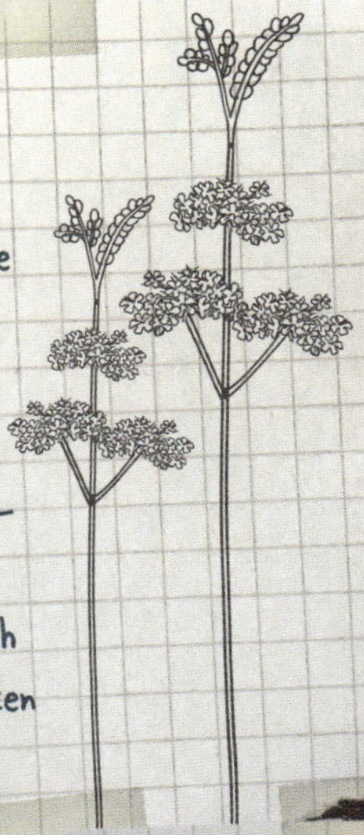

Dost

Auch als wilder Majoran oder Oregano bekannt, diente diese Pflanze schon im Mittelalter zum Schutz gegen Teufel und Hexen. Heute erinnert der aromatische Geruch vielmehr an Pizza und Tomatensoße. Meist findet man die ca. 80 cm hohe Pflanze an sonnigen Straßenrändern und Brachflächen. Sie hat einen holzigen Stängel mit ovalen, behaarten Blättchen und rosafarbenen Blüten, die in Rispen angeordnet sind.

Heidelbeeren

Auch bekannt als Blaubeere. Die ca. 50 cm hohe Pflanze mit den scharf dreikantigen Zweigen wächst hauptsächlich in Nadel- und Laubwäldern, aber auch in Heiden. Die Beeren sind außen und innen dunkelblau bis tief violett. Roh gegessen färben sie Lippen, Zunge und Zähne hübsch blau, was auch einige Stunden anhält.

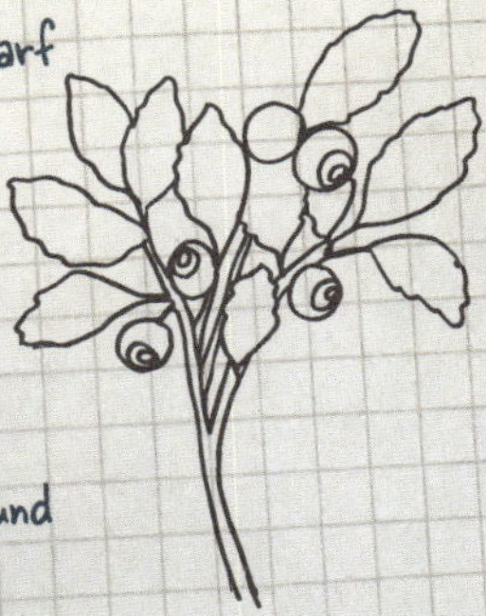

Tipp:
So lassen sich die Toastbrötchen ganz einfach in Form schneiden.

Schnattergans

Zubereitungszeit: 20 Min. *Portionen:* 6 Schnattergänse

Bewertung: ○ ○ ○ ○ ○ *leicht* ● *mittel* ○ *schwer* ○

SOMMER

Zutaten:

- 100 G DOPPELRAHMFRISCHKÄSE ○
- 20–25 GÄNSEBLÜMCHENKÖPFE ○
- ½ KNOBLAUCHZEHE ○
- 1 BIO-ZITRONE ○
- 1 PRISE ZUCKER ○
- SALZ, PFEFFER ○
- 3 RUNDE ROGGEN-TOASTIES ○
- 6 SCHWARZE PFEFFERKÖRNER ○
- 3–4 KLEINE MÖHREN ○

➳ Die Gänseblümchen waschen, trocken tupfen und fein hacken.

➳ Knoblauchzehe klein hacken, das Salz darübergeben und mit dem Messerrücken zerquetschen.

➳ Gänseblümchen und Knoblauch mit dem Frischkäse mischen. Etwas Zitronenabrieb, einen Spritzer Zitronensaft zugeben und mit Salz und Pfeffer abschmecken.

➳ Die Roggen-Toasties toasten und zwischen zwei Brettchen flach drücken. Noch warm, wie nachfolgend dargestellt, zuschneiden bzw. ausstechen.

➳ Die Toaststücke mit dem Aufstrich bestreichen und als Gans auf einem Teller oder Brettchen anrichten.

➳ Aus einer Möhre Füße und Schnabel herstellen. Ein Pfefferkorn als Auge in den Aufstrich drücken.

Froschkönig

Zubereitungszeit: ca. 40 Min. *Portionen:* 4 Froschkönige

Bewertung: ○ ○ ○ ○ ○ *leicht* ○ *mittel* ● *schwer* ○

Zutaten Spinat:

100 G	BRENNNESSELBLÄTTER / -SPITZEN	○
100 G	SPINAT, FRISCH	○
2	KLEINE ZWIEBELN	○
1–2	KNOBLAUCHZEHEN	○
125 ML	GEMÜSEBRÜHE	○
3 EL	BUTTER	○
200 G	CRÈME FRAÎCHE	○
1 TL	SALZ	○
½ TL	PFEFFER	○
¼ TL	MUSKATNUSS, FRISCH GERIEBEN	○
2 EL	GEHACKTE PETERSILIE	○

Zutaten je Froschkönig:

½	BIO-ZITRONE	○
2	KLEINE MOZZARELLAKUGELN	○
2	OLIVEN	○
3	FISCHSTÄBCHEN	○

➳ Zwiebeln und Knoblauchzehen schälen und fein hacken.

➳ Brennnesseln und Spinat waschen.

➳ Butter in einem großen Topf bei mittlerer Stufe erhitzen. Zwiebel- und Knoblauchwürfel zugeben und glasig dünsten.

➳ Brennnesseln und Spinat aus dem Wasser nehmen, etwas abtropfen lassen und in den Topf geben.

➳ Gemüsebrühe und Crème fraîche zugeben und 5 - 6 Min. weich dünsten.

➳ Mit Salz, Pfeffer, Muskatnuss und Petersilie würzen und pürieren.

➳ Aus der Zitrone eine Krone und einen Mund schneiden. Von den Oliven eine Scheibe abschneiden.

➳ Die Fischstäbchen entsprechend Packungsangaben anbraten.

➳ In der Zwischenzeit auf einem Teller den Spinat in Form eines Frosches anrichten. Aus den Mozzarellakugeln und Oliven die Augen dekorieren. Den Mund darunterlegen und anschließend dem Frosch das Krönchen aufsetzen.

➳ Fischstäbchen aus der Pfanne nehmen, kurz auf Küchenkrepp abtropfen lassen und unter dem Froschkönig platzieren.

Zutaten Erdbeer-Holunder-Quark:

- 250 G MAGERQUARK
- 50 ML HOLUNDERSIRUP
- 100 G ERDBEEREN

Zutaten Dekoration:

QUARK, ERDBEEREN UND HEIDELBEEREN

Kleiner Drache Fridolin

Zubereitungszeit: ca. 45 Min. *Portionen:* 4 - 6 Drachen

Bewertung: ○ ○ ○ ○ ○ *leicht* ○ *mittel* ● *schwer* ○

SOMMER

Zutaten Pancake:

150 ML	MILCH
75 ML	HOLUNDERSIRUP (REZEPT AUF S. 81)
125 G	VOLLKORNMEHL
75 G	HAFERFLOCKEN
1	EI, GRÖSSE M
1 ½ TL	BACKPULVER
1 PRISE	SALZ

Erdbeer-Holunder-Quark
(Zutaten auf S. 36):

➳ Den Magerquark über Nacht in einem feinen Sieb abtropfen lassen.

➳ Erdbeeren waschen, die Kelchblätter entfernen und die Hälfte ganz fein würfeln.

➳ Quark mit dem Sirup mischen, glattrühren und die Erdbeerwürfel unterheben.

Pancake:

➳ Für den Pancaketeig die Milch mit dem Sirup und dem Ei mischen.

➳ Anschließend Vollkornmehl, Haferflocken, Backpulver und die Prise Salz zugeben und unterheben.

➳ Öl in einer Pfanne bei mittlerer Stufe erhitzen. Löffelweise Teig in die Pfanne geben und anbraten.

Wenden und die zweite Seite goldbraun braten.

➳ Aus der Pfanne nehmen und auf Küchenpapier abtropfen lassen.
Bei 100 °C im Backofen warmhalten.

➳ Aus den restlichen Erdbeeren Füße, Augen und Rückenplatten vorbereiten.

➳ Für den Kopf auf einen länglichen Pancake einen Klecks Quark geben und einen zweiten Pancake darauflegen. Als Körper drei Pancakes dahinter legen und aus halbierten Erdbeeren die Beine neben dem Körper dekorieren.

➳ Etwas Quark auf zwei Erdbeeren spritzen und zwei Heidelbeeren hineindrücken. Als Augen auf den Kopf legen.

➳ Zum Schluss noch etwas Quark auf die drei „Körper"-Pancakes streichen und die Rückenplatten hineinstecken.

Zutaten Belag:

250 G	MAGERQUARK
50 G	WEICHE BUTTER
50 G	VANILLEZUCKER
2	EIER, GRÖSSE M
2-3 EL	SEMMELBRÖSEL
5	DOLDEN HOLUNDERBLÜTEN

Zutaten Dekoration:

ERDBEEREN UND HEIDELBEEREN

Eulenkinder

Zubereitungszeit: ca. 2 Std. *Portionen:* 10 - 12 Eulen

Bewertung: ○ ○ ○ ○ ○ *leicht* ○ *mittel* ○ *schwer* ●

Zutaten Teig:

350 G	WEIZENMEHL, TYP 550	○
175 ML	LAUWARMES WASSER	○
35 G	WEICHE BUTTER	○
70 G	VANILLEZUCKER	○
21 G	FRISCHE HEFE	○

Teig:

➳ Mehl in eine Schüssel sieben, mit dem Zucker mischen und eine Vertiefung in die Mitte drücken. Hefe in dem Wasser auflösen und in die Vertiefung geben. Mit etwas Mehl verrühren und zugedeckt an einem warmen Ort 30 Min. gehen lassen.

➳ Butter zugeben und alles zu einem gleichmäßigen Teig verarbeiten. Nochmals 30 Min. gehen lassen.

➳ Backofen auf 175 °C (Ober- und Unterhitze) vorheizen.

Belag (Zutaten auf S. 38):

➳ Für den Belag die Holunderblüten mit einer Gabel von den Stielen abstreifen. Zusammen mit dem Zucker mörsern oder in der Küchenmaschine klein hacken. Ein Ei trennen und das Eigelb zur Seite stellen. Das Eiweiß mit dem zweiten Ei und den restlichen Zutaten mischen.

➳ Den Teig auf einer bemehlten Fläche dünn ausrollen und in 10 - 12 Quadrate schneiden.

➳ Jeweils 2 TL des Belags auf ein Quadrat geben und die zwei gegenüberliegenden Ecken nach innen einschlagen. Die obere gut festdrücken.

➳ Ein Backblech mit Backpapier belegen und die Eulen darauflegen. Das Eigelb mit 1 - 2 EL Milch verrühren und die Eulen damit einpinseln.

➳ Auf der mittleren Schiene ca. 20 Min. backen. Etwas abkühlen lassen und mit Erd- und Heidelbeeren dekorieren. Am besten lauwarm servieren.

Zutaten Holundersoße:

300 G	HOLUNDERBEEREN
150 ML	APFELSAFT
100 ML	SCHLAGSAHNE
50 G	VANILLEZUCKER
25 G	BUTTER
1 EL	MEHL

Zutaten Dekoration:

QUARK, HIMBEEREN UND HEIDELBEEREN

Arme Ritter

Zubereitungszeit: ca. 30 Min. *Portionen:* 8 arme Ritter

Bewertung: ○ ○ ○ ○ ○ *leicht* ○ *mittel* ● *schwer* ○

Zutaten "Arme Ritter"

- 3 EIER, GRÖSSE L
- 200 ML SCHLAGSAHNE
- 2-3 EL ZUCKER (OPTIONAL)
- 8 SCHEIBEN VOLLKORNTOAST
- ETWAS BUTTERSCHMALZ ZUM ANBRATEN
- ZUCKER UND ZIMT

Holundersoße (Zutaten auf S. 40):

➳ Holunderbeeren waschen und abtropfen lassen. Mit dem Apfelsaft und dem Zucker in einen Topf geben, aufkochen und 10 - 15 Min. kochen lassen. Den Saft durch ein Sieb streichen.

➳ Den Topf ausreiben und die Butter darin bei mittlerer Hitze schmelzen lassen. Mehl zugeben und hell anrösten.

➳ Mit dem Saft ablöschen und dann die Sahne zugeben. Etwa 15 Min. einkochen bis eine sämige Soße entsteht.

Arme Ritter:

➳ Die Eier aufschlagen und mit der Sahne verrühren. Nach Bedarf noch etwas Zucker unterrühren.

➳ Die Toastscheiben portionsweise in der Flüssigkeit einweichen. Butterschmalz in einer beschichteten Pfanne bei mittlerer Stufe erhitzen.

➳ Die Toastscheiben von beiden Seiten goldbraun anbraten. Auf einen Teller legen, mit Zimt und Zucker bestreuen und mit Quark und den Früchten die Augen und Nase dekorieren. Holundersoße in eine Haushaltsspritze füllen und damit die Arme, Beine und den Mund aufspritzen.

Knabbermäuse

Zubereitungszeit: ca. 2 Std. *Portionen:* 12 Mäuse

Bewertung: ○ ○ ○ ○ ○ *leicht* ○ *mittel* ● *schwer* ○

Zutaten:

6–8	BLÜTENSTÄNDE MÄDESÜSS	○
500 G	WEIZENMEHL, TYP 405	○
250 ML	MILCH	○
75 G	BUTTER	○
1	PÄCKCHEN TROCKENHEFE	○
3 EL	ZUCKER	○
2	EIER, GRÖSSE M	○
1 PRISE	SALZ	○
1/4 TL	ABRIEB EINER BIO-ZITRONE	○
	ROSINEN	○

➳ Die Mädesüßblüten für 10 Min. auf ein weißes Tuch in die Sonne legen. Das vertreibt die Insekten.

➳ Anschließend die Blütenstände kopfüber in die Milch stellen und über Nacht im Kühlschrank ziehen lassen.

➳ Mehl mit der Hefe, Zucker, Salz und dem Zitronenabrieb in eine Schüssel geben und gut durchmischen.

➳ Die Milch abseihen und mit der Butter leicht erwärmen. Ein Ei trennen und das Eigelb zur Seite stellen. Das Eiweiß, das ganze Ei und die Milch-Butter-Mischung zum Mehl geben. Mit den Händen zu einem glatten Teig kneten und zugedeckt an einem warmen Ort 30 Min. gehen lassen.

➳ Den Teig in 12 Stücke teilen und die Mäuse daraus formen. Nochmals zugedeckt 30 Min. gehen lassen.

➳ In der Zwischenzeit den Backofen auf 200 °C (Ober- und Unterhitze) vorheizen.

➳ Mit einer Schere Mund und Ohren in die Mäuse schneiden. Das Eigelb mit etwas Milch mischen und die Mäuse damit einstreichen.

➳ Im Backofen auf der mittleren Schiene 20 Min. backen. Lauwarm servieren.

Zutaten Bärensoße:

250 G	BROMBEEREN
250 G	HEIDELBEEREN
250 G	HIMBEEREN
3–4 EL	VANILLEZUCKER
1 TL	SPEISESTÄRKE

Eisbär-Baby

Zubereitungszeit: **45 Min. + Kühlzeit** *Portionen:* **4 Eisbär-Babys**

Bewertung: ○ ○ ○ ○ ○ *leicht* ○ *mittel* ● *schwer* ○

Zutaten Pannacotta:

3–4	BLÜTENSTÄNDE MÄDESÜSS	○
400 ML	SCHLAGSAHNE	○
200 ML	MILCH	○
40 G	VANILLEZUCKER	○
½	VANILLESCHOTE	○
10 G	AGAR-AGAR	○

Pannacotta-Bärchen:

➳ Vanilleschote längs aufschneiden und das Mark herauskratzen. Schote und Mark mit der Milch und der Sahne in einen Topf geben.

➳ Aufkochen, vom Herd ziehen und das Mädesüß kopfüber in den Topf stellen.

➳ 30 Min. ziehen lassen.

➳ Blüten und Vanilleschote herausfischen. Agar-Agar mit dem Zucker mischen, in die Flüssigkeit geben und unterrühren. Aufkochen und 2 Min. kochen lassen. In Bären-Silkonförmchen gießen und über Nacht im Kühlschrank kalt stellen.

Bärensoße (Zutaten auf S. 44):

➳ Früchte waschen und abtropfen lassen. Mit dem Zucker in einen Topf geben und aufkochen. Unter Rühren 2 - 3 Min. köcheln lassen.

➳ Speisestärke in 3 - 4 EL kaltem Wasser auflösen und zu den Beeren geben. Nochmals aufkochen und dann abkühlen lassen.

➳ Jeweils einen Pannacotta-Bären auf einen Teller stürzen und mit Hilfe eines Zahnstochers mit der Soße den Mund, die Augen und die Nase aufmalen. Alternativ kann auch Zuckerschrift oder Nussnougatcreme verwendet werden.

➳ Beerensoße um den Bären verteilen und servieren.

Tipp:
So lassen sich die Toastbrötchen ganz einfach in Form schneiden.

Blubbi

Zubereitungszeit: **15 Min.** *Portionen:* **2 Blubbis**

Bewertung: ○ ○ ○ ○ ○ *leicht* ● *mittel* ○ *schwer* ○

Zutaten:

2	RUNDE TOASTBRÖTCHEN	○
200 G	HÜTTENKÄSE	○
	MÄDESÜSSGELEE (REZEPT AUF S. 79)	○
1	ROTER BIO-APFEL	○
4	HEIDELBEEREN	○

➳ Die Brötchen toasten. Bei Bedarf flach drücken und etwas abkühlen lassen.

➳ Beide Ober- und Unterteile, wie abgebildet, zuschneiden und zuerst mit Hüttenkäse, dann mit Mädesüßgelee bestreichen.

➳ Den Apfel gut waschen und die Schale dick abschneiden. Aus der Schale die Münder sowie verschiedene Dekorationsteile schneiden und auf den Fischen verteilen.

➳ Zum Schluss die Heidelbeeren als Augen auflegen und servieren.

Matschwürmer

Zubereitungszeit: **40 Min.** *Portionen:* **4 - 5 Matschwürmer**

Bewertung: ○ ○ ○ ○ ○ *leicht* ○ *mittel* ● *schwer* ○

Zutaten:

200 G	RISOTTOREIS	○
750 ML	HEISSE GEMÜSEBRÜHE	○
1	ZWIEBEL	○
2	KNOBLAUCHZEHEN	○
10 G	INGWER	○
2-3 EL	OLIVENÖL	○
1 EL	BUTTER	○
50 G	PARMESAN, GERIEBEN	○
3 EL	DOSTBLÄTTER UND -BLÜTEN, GEHACKT	○
	SALZ, PFEFFER	○
12-15	NÜRNBERGER BRATWÜRSTE	○

Zutaten Dekoration:

QUARK FÜR DIE AUGEN,
GANZE PFEFFERKÖRNER,
ALTERNATIV DOSTSTÄNGEL

➳ Zwiebel und Knoblauch schälen. Die Ingwerschale mit einen Kaffeelöffel abschaben. Alles zusammen in kleine Würfel schneiden.

➳ Öl in einem Topf bei mittlerer Stufe erhitzen. Knoblauch, Zwiebel und Ingwer darin 3 Min. glasig dünsten.

➳ Den Risottoreis zugeben und glasig dünsten, dabei gut rühren. Etwas von der heißen Brühe hinzugießen, zum Kochen bringen und den Reis unter gelegentlichem Umrühren bei geringer Hitze etwa 20 Min. mit Deckel quellen lassen. Dabei nach und nach die heiße Brühe hinzufügen.

➳ Zum Schluss die Butter, den Parmesan und den gehackten Dost unter das Risotto heben und mit Salz und Pfeffer abschmecken.

➳ Etwas Risotto auf einem Teller verteilen. Die Würstchen anbraten und auf dem Risotto anrichten. Quark in eine Spritze füllen und die Augen aufspritzen. Pfefferkörner als Pupillen in die Augen drücken.

Zutaten Tomatensoße:

1	ZWIEBEL, GEWÜRFELT
2	KNOBLAUCHZEHEN, GEWÜRFELT
400 G	PIZZATOMATEN AUS DER DOSE
2-3 EL	DOSTBLÄTTER UND -BLÜTEN GEWASCHEN UND GEHACKT
2 EL	OLIVENÖL
	SALZ, PFEFFER

Windräder

Zubereitungszeit: 1,5 Std. **Portionen:** 4 Windräder

Bewertung: ○ ○ ○ ○ ○ leicht ○ mittel ○ schwer ●

Zutaten Windräder:

- 300 G WEIZENMEHL, TYP 405
- 125 ML LAUWARMES WASSER
- 21 G FRISCHE HEFE
- 2-3 EL OLIVENÖL
- ½ TL SALZ
- 1 PRISE ZUCKER
- 1 EIGELB
- ETWAS MILCH

Beispiele für den Belag:

SCHINKEN, SALAMI, PILZE, GEMÜSE, ARTISCHOCKEN, OLIVEN, PARMESAN, MOZZARELLA

➳ Öl in einem Topf erhitzen. Zwiebel- und Knoblauchwürfel darin 3 Min. glasig braten. Tomaten zugeben und 30 Min. einkochen lassen.

➳ Gehackten Dost unterheben und mit Salz und Pfeffer abschmecken.

➳ Mehl mit Zucker und Salz in eine Schüssel geben. Die Hefe in dem Wasser auflösen. Dann alles zum Mehl geben und mit den Händen einen homogenen Teig kneten. Zugedeckt an einem warmen Ort 30 Min. gehen lassen.

➳ Teig in vier Stücke teilen und kreisrund ausrollen. Erst mit Tomatensoße, dann mit Zutaten nach Wahl belegen. Zum Abschluss mit Käse belegen.

➳ Die Pizzen an vier Stellen zur Hälfte einschneiden und die Spitzen nach innen klappen. Eigelb mit Milch verrühren, die Pizza damit einstreichen und mit Parmesan bestreuen.

➳ Im vorgeheizten Backofen bei 200 °C (Ober- und Unterhitze) auf der mittleren Schiene 20 Min. backen.

Tipp:
So lassen sich deine Windräder mühelos in Form bringen.

Zutaten Bolognese:

250 G	GEMISCHTES HACKFLEISCH
400 ML	PIZZATOMATEN
1	SCHALOTTE, GEWÜRFELT
1	KNOBLUCHZEHE, GEHACKT
1 EL	TOMATENMARL

SALZ, PFEFFER, PAPRIKA (EDELSÜSS)

ÖL ZUM ANBRATEN

PolEntchen

Zubereitungszeit: **1 Std.** *Portionen:* **4 - 6 PolEntchen**

Bewertung: ○ ○ ○ ○ ○ *leicht* ○ *mittel* ○ *schwer* ●

Zutaten Polenta:

- 125 G POLENTA ○
- 500 ML GEMÜSEBRÜHE ○
- 2 SCHALOTTEN ○
- 2 KNOBLAUCHZEHEN ○
- 75 G PARMESAN, GEBRIEBEN ○
- 25 G DOSTBLÄTTER UND -BLÜTEN, GEHACKT ○
- ETWAS QUARK UND TOMATENMARK ○
- ÖL ZUM ANBRATEN ○

Polenta:

➳ Zwiebeln und Knoblauch schälen und fein würfeln. Butter in einem Topf bei mittlerer Hitze schmelzen lassen und die Zwiebel- und Knoblauchwürfel darin glasig dünsten.

➳ Dost zugeben. Mit der Gemüsebrühe ablöschen und aufkochen. Polenta unterrühren und bei kleiner Hitze ca. 20 Min. köcheln lassen bis sich die Masse vom Topfrand löst.

➳ Parmesan unterheben. Die Polenta in eine flache Form streichen und abkühlen lassen.

➳ Mit einer entsprechenden Ausstechform Entchen austechen. Die restliche Polenta kann zu kleinen Küchlein geformt werden.

➳ Öl in einer Pfanne bei mittlerer Stufe erhitzen. Die Entchen und Küchlein 5 Min. von beiden Seiten anbraten.

➳ Quark und Tomatenmark getrennt in zwei Spritzen füllen und den Entchen Schnabel und Augen aufspritzen.

Bologne^se (Zutaten auf S. 52):

➳ Öl in einer Pfanne erhitzen. Zwiebel und Knoblauch darin glasig braten. Hackfleisch zugeben und 5 Min. krümelig braten. Tomatenmark zugeben und 2 - 3 Min. rösten.

➳ Mit den Pizzatomaten ablöschen, sämig einkochen lassen und zum Schluss die Soße mit Salz, Pfeffer und Paprika abschmecken.

Glubschi

Zubereitungszeit: **45 Min.** Portionen: **4 - 6**

Bewertung: ○ ○ ○ ○ ○ leicht ○ mittel ● schwer

Zutaten:

600 ML	KOKOSMILCH	○
200 G	MILCHREIS	○
200 G	HEIDELBEEREN	○
3 EL	VANILLEZUCKER	○
1	BIO-ZITRONE	○
1 PRISE	SALZ	○
1	GRÜNER APFEL	○
	ERDBEEREN, HEIDELBEEREN	○

Zutaten je Glubschi:

1	GRÜNER APFEL	○
1	ERDBEERE	○
2	HEIDELBEEREN	○

➳ Milch mit den Heidelbeeren aufkochen, 2 Min. köcheln lassen und anschließend durch ein Sieb streichen.

➳ Mit einem Sparschäler oder einem Messer die Hälfte der Zitronenschale abschälen. Die Milch nochmals aufkochen. Reis und Zucker einrühren und die Zitronenschale dazugeben.

➳ Etwa 30 Min. auf kleinster Stufe und mit geschlossenem Deckel ziehen lassen bis der Milchreis gar ist. Dabei öfters umrühren.

➳ Zitronenschale herausfischen und in Schälchen abfüllen.

➳ Für einen Glubschi einen Apfel waschen und zwei Scheiben abschneiden. Keilförmige Stücke für die Augen herausschneiden und mit Zitronensaft einreiben. Mit einem Stück Zahnstocher jeweils eine Heidelbeere als Pupille feststecken.

➳ Die Augen in den Milchreis stecken und eine Erdbeere als Nase davor platzieren. Zum Schluss aus einem Stück Apfel einen lachenden Mund zuschneiden und auf das Gesicht legen.

Kugelgrill

Zubereitungszeit: **45 Min.** *Portionen:* **4 - 6**

Bewertung: ○ ○ ○ ○ ○ *leicht* ○ *mittel* ● *schwer* ○

Zutaten Obstsalat:

1	WASSERMELONE Ø 20 CM	○
2	ORANGEN	○
1	APFEL	○
250 G	HEIDELBEEREN	○
250 G	TRAUBEN, HELL UND DUNKEL	○
250 G	ERDBEEREN	○
100 G	MANDELN, GEHACKT	○
50G	RASPELSCHOKOLADE	○
10-15	SCHASCHLIKSPIESSE	○

Zutaten Marinade:

1	BIO-ORANGE (SAFT)	○
½	BIO-ZITRONE (SAFT)	○
50 G	VANILLEZUCKER	○

Zutaten Schokosoße:

100 G	SCHOKOLADE, ZARTBITTER	○
50 G	VOLLMILCHSCHOKOLADE	○
150 ML	MILCH	○
1 EL	BUTTER	○

➳ Von der Melone ca. ¼ als Deckel abschneiden. Den Deckel ganz, das Unterteil zur Hälfte aushöhlen.

➳ Die Melone auf drei Holzfüße stellen. Vom Fruchtfleisch die Kerne entfernen und würfeln.

➳ Die Mandeln in einer Pfanne ohne Öl goldbraun anrösten. Abkühlen lassen.

➳ Orangen schälen, den Apfel waschen. Beides in kleine Würfel schneiden. Beeren und Trauben waschen und klein schneiden. Die Trauben halbieren.

➳ Ein paar Stücke der Früchte auf Spieße stecken. Den Rest mit den Mandeln und der Schokolade mischen und in die Melone füllen. Die Heidelbeeren als Abschluss auf die Früchte verteilen. Sie sind die "Holzkohle".

➳ Die Zutaten für die Marinade mischen und über die Früchte in der Melone gießen. Schaschlikspieße darüber verteilen und ein paar Spieße als Rost darauflegen. Mit der Schokosoße die Röststreifen auf die Obstspieße zeichnen und auf den Rost legen.

➳ Milch aufkochen. Die Schokolade raspeln und mit der Butter in die Milch geben. Den Topf vom Herd nehmen und unter Rühren schmelzen lassen.

HERBST

Herbstzeit ist Erntezeit! Nun beginnt die große Zeit der Früchte an Bäumen und Sträuchern. Nicht nur die Jäger und Sammler unter uns sind mit Begeisterung in der Natur unterwegs. Auch die heimischen Tiere freuen sich über das reiche Angebot. Aber keine Angst, es ist genug für alle da!

Haselnuss

Der bis zu 5 m hohe stattliche Strauch wächst meist an Waldrändern, in Gärten und Parks. Im Herbst bildet er viele bis zu 1 cm große Nüsse aus, die bestens verpackt in einer harten dunkelbraunen Schale etwas feiner schmecken als die gekauften Verwandten aus dem Supermarkt. Jedoch schmecken auch die wilden Nüsse ganz vorzüglich in Gebäck, in Soßen und als Pasta.

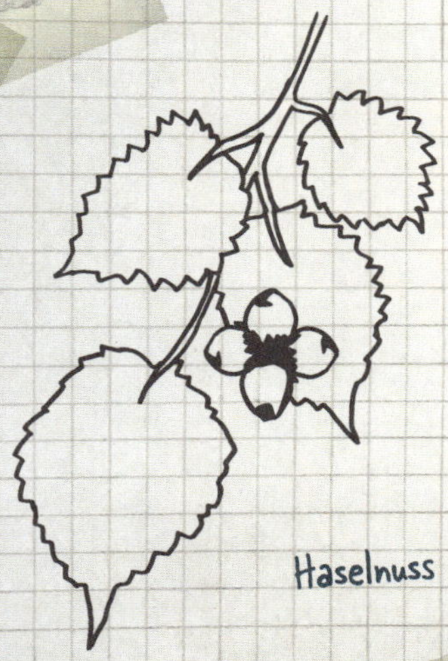

Haselnuss

Pilze

Die heimlichen Stars des Waldes! Genau genommen sind sie nur die Fruchtkörper eines unterirdischen Fadengeflechts, das als "Myzel" bezeichnet wird. Sobald im Herbst das richtige Wetter herrscht, warm und feucht, schießen sie aus dem Boden. Dann ist, bewaffnet mit dem unbedingt nötigen Fachwissen, die Jagd nach den Wald-Kobolden ein echtes Ereignis! Im Zweifelsfall gilt jedoch immer: Pilzberater fragen!

Hagebutte

Rosaweiße Blüten im Mai, ab September mit leuchtend roten Früchten. So wächst der bis zu 3 m hohe Strauch mit langen, überhängenden, sehr stacheligen Zweigen an Waldrändern, in sonnigen Hecken und auf Wiesen. Wer die reifen Hagebutten ernten möchte, der muss sich daher anstrengen. Aber es lohnt sich. Als Tee oder als Marmelade zubereitet, schmecken die Früchte ganz köstlich und sind äußerst gesund.

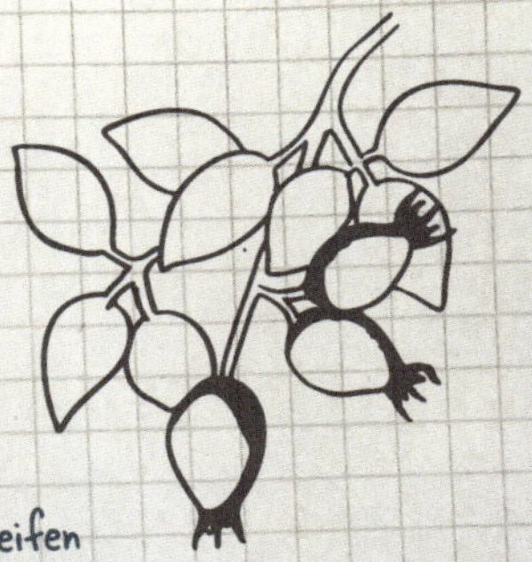

Walnuss

Mittlerweile wird sie gerne als Superfood bezeichnet, die Walnuss! Sie ist die Frucht eines bis zu 30 m großen Baumes, der zumeist in Weinbaugebieten, in Gärten Parks oder Alleen zu finden ist. Reif sind die Nüsse im September sobald die grüne Schale aufplatzt und sie von alleine zu Boden fallen. Nach der Ernte müssen sie noch einige Wochen an einem warmen Ort getrocknet werden. Dann schmecken sie eingebacken in Brot, im Gebäck oder als Snack zwischendurch.

Walnuss

Waffel-Kuh

Zubereitungszeit: **ca. 45 Min.** *Portionen:* **4 - 6 Kühe**

Bewertung: ○ ○ ○ ○ ○ *leicht* ○ *mittel* ● *schwer* ○

Zutaten:

150	BUTTER
100 G	GEMAHLENE HASELNÜSSE
100 G	WEIZENMEHL, TYP 550 ALTERNATIV TYP 405
3	EIER, GRÖSSE M
75 G	BRAUNER ZUCKER
150 ML	ORANGENSAFT
1 PRISE	SALZ
½ TL	BACKPULVER

Zutaten Dekoration:

CASHEWKERNE, QUARK, RASPELSCHOKOLADE, EIN STÜCK ROTER APFEL, HASELNUSSKERNE

WICHTIG: ALLE ZUTATEN MÜSSEN ZIMMERTEMPERATUR HABEN.

- Butter mit Zucker und Salz schaumig rühren. Anschließend die Eier einzeln einrühren.
- Mehl, Backpulver und Haselnüsse mischen und abwechselnd mit dem Orangensaft unterrühren.
- Ein Waffeleisen für belgische Waffeln auf Stufe 1 vorheizen. Die Backflächen dünn einfetten. 3 EL Teig je Waffel auf die untere Backfläche geben und das Waffeleisen schließen.
- Die Waffeln nacheinander in ca. 3 Min. goldgelb backen und auf einem Gitter etwas abkühlen lassen.
- Wie links abgebildet zuschneiden, zusammensetzen und als Kuh dekorieren.

Haselmaus:

300 G	PUTENSCHNITZEL
40 G	SEMMELBRÖSEL
20 G	PARMESAN GERIEBEN
2 EL	MEHL, TYP 405
1	EI, GRÖSSE M
3-4 EL	SONNENBLUMENÖL
	SALZ, PFEFFER

Zutaten Dekoration:

HASELNÜSSE, QUARK UND HOLZSPIESSE

Haselmaus

Zubereitungszeit: **1 Std.** *Portionen:* **4 - 6 Haselmäuse**

Bewertung: ○ ○ ○ ○ ○ *leicht* ○ *mittel* ○ *schwer* ●

Haselnuss-Couscous:

150 G	COUSCOUS	○
200 ML	GEMÜSEBRÜHE	○
75 G	HASELNUSSKERNE	○
8-10	ZWETSCHGEN	○
200 G	CRÈME FRAÎCHE	○
½ BD.	PETERSILIE, GEHACKT	○
1-2 TL	CURRYPULVER	○
1-2 EL	SONNENBLUMENÖL	○
	SALZ, PFEFFER	○

➳ Backofen auf 75°C vorheizen.

➳ Haselnusskerne grob hacken und in einer Pfanne ohne Öl nicht zu dunkel anrösten. Aus der Pfanne nehmen und abkühlen lassen.

➳ Putenschnitzel waschen, trocken tupfen und in Nuggets schneiden. Semmelbrösel mit Parmesan mischen. Aus Mehl, verquirltem Ei und der Bröselmischung eine Panierstraße aufbauen. Die Schnitzel salzen, pfeffern und im Mehl wenden. Nun mithilfe einer Gabel erst im verquirlten Ei und dann in den Bröseln wenden.

➳ Öl bei mittlerer Stufe in einer großen Pfanne erhitzen und die Schnitzel darin goldbraun braten. Aus der Pfanne nehmen und im Backofen warm halten.

➳ Nun das Currypulver in der noch heißen Pfanne anrösten. Bei Bedarf etwas Öl zugeben. Anschließend die Crème fraîche in der Pfanne mit dem Curry mischen und beiseitestellen.

➳ Zwetschgen waschen und halbieren. Den Kern entfernen und die Früchte klein würfeln.

➳ Gemüsebrühe aufkochen und das Couscous zugeben. 5 Min. ziehen lassen. Anschließend auflockern.

➳ Couscous mit Früchten, Petersilie und Haselnüssen zur "Crème fraîche-Curry-Mischung" geben und mischen. Mit Salz und Pfeffer abschmecken.

➳ Ein paar Nuggets auf einen Spieß stecken und das Auge, die Nase und den Mund dekorieren. Ein Nugget in Streifen schneiden und damit die Füße anlegen. Mit Couscous anrichten.

Rübezahl

Zubereitungszeit: 1,5 Std. **Portionen:** 4

Bewertung: ○ ○ ○ ○ ○ leicht ○ mittel ● schwer ○

Zutaten:

15 G	GETROCKENETE STEINPILZE
1 EL	GEMÜSEBRÜHEPULVER
150 G	GRIECHISCHE REISNUDELN
1	SCHALOTTE
30 G	PARMESAN GERIEBEN
2-3 EL	OLIVENÖL
1 EL	BUTTER
450 ML	WASSER
	SALZ, PFEFFER

Zutaten Dekoration:

FRISCHKÄSE, MILCH, CHAMPIGNONS, GLATTE PETERSILIE

➳ Wasser aufkochen, Pilze zugeben und 45 Min. ziehen lassen. Die Pilze herausnehmen, abtropfen lassen und klein hacken.

➳ Das Einweichwasser nochmals 15 Min. kochen lassen und dann das Gemüsebrühepulver darin auflösen.

➳ Schalotte putzen und fein hacken. Olivenöl in einem Topf bei mittlerer Stufe erhitzen und die Zwiebelwürfel darin glasig braten. Pilze und Nudeln zugeben und unterheben.

➳ Mit der Gemüsebrühe ablöschen und bei kleiner Hitze und geschlossenem Deckel ca. 15 Min. köcheln lassen. Häufig umrühren. Sollte das Pastasotto zu fest werden, etwas Gemüsebrühe nachgießen.

➳ Nach Ende der Garzeit Butter und Käse unterheben und mit Salz und Pfeffer abschmecken.

➳ Warm stellen.

➳ Für die Augen bei einigen Champignons vom Stil her so viel abschneiden bis die Lamellen gut sichtbar sind. Für die Ohren von der Hutseite her eine dicke Scheibe abschneiden. Für die Nase bei einem Pilz nur den Stiel entfernen.

➳ Öl in einer Pfanne erhitzen und die Pilzstücke darin von beiden Seiten jeweils 5 Min. anbraten. Frischkäse mit etwas Milch glatt rühren.

➳ Eine Portion Pastasotto auf einem Teller anrichten. Ohren neben Augen und Nase auf dem Kopf anrichten. Mit dem Frischkäse den Mund und mit der Petersilie die Haare dekorieren.

Wirsinggemüse:

- ½ KOPF WIRSING (CA. 450 G)
- 10 G INGWER
- 100 ML GEMÜSEBRÜHE
- 1-2 EL SCHMAND
- 2 EL NEUTRALES ÖL
- SALZ, PFEFFER, MUSKATNUSS

Wald-Kobolde

Zubereitungszeit: 1,5 Std. **Portionen:** 4

Bewertung: ○ ○ ○ ○ ○ leicht ○ mittel ○ schwer ●

Pilzfrikadellen:

150 G	FRISCHE STEINPILZE
75 G	GRÜNKERNSCHROT
200 ML	GEMÜSEBRÜHE
1	EI, GRÖSSE M
1	ZWIEBEL
3 EL	SEMMELBRÖSEL
½ BD.	PETERSILIE GEHACKT
2 EL	NEUTRALES ÖL

SALZ, PFEFFER, MUSKATNUSS

SEMMELBRÖSEL ZUM PANIEREN

Zutaten Dekoration:

FRISCHKÄSE, TOMATENMARK, ETWAS PETERSILIE

ZUSÄTZLICH: PELLKARTOFFELN VOM VORTAG

HERBST

➳ Gemüsebrühe aufkochen und den Grünkernschrot zugeben. Bei kleiner Hitze unter Rühren so lange quellen lassen bis sich die Masse vom Topfrand löst. Abkühlen lassen.

➳ Steinpilze und die Zwiebel putzen und in kleine Würfel schneiden.

➳ Öl bei mittlerer Stufe erhitzen und die Zwiebel darin glasig dünsten. Pilzwürfel zugeben und weitere 5 Min. braten. Etwas abkühlen lassen.

➳ Pilze, Petersilie, Ei und Semmelbrösel zur Grünkernmasse geben und mit den Händen gut durchkneten. Mit Salz, Pfeffer und Muskatnuss würzen.

➳ Mit angefeuchteten Händen 8 - 10 Frikadellen formen und in Semmelbrösel wenden.

➳ Reichlich Öl in einer beschichteten Pfanne bei mittlerer Stufe erhitzen und die Frikadellen von beiden Seiten anbraten. Im Backofen bei 100 °C warm halten. In der Zwischenzeit die Kartoffeln anbraten.

➳ Wirsing vierteln, die äußeren Blätter und den Strunk wegschneiden und die Wirsingstücke in schmale Streifen schneiden. Ingwer schälen und fein reiben.

➳ Öl in einem Topf erhitzen. Ingwer und Wirsing darin anbraten. Brühe zugeben und zugedeckt 5 Min. dünsten.

➳ Schmand unterheben und mit Salz, Pfeffer und Muskatnuss würzen.

➳ Wie abgebildet dekorieren.

Pfannengeister

Zubereitungszeit: **1,5 Std.** *Portionen:* **4**

Bewertung: ○ ○ ○ ○ ○ *leicht* ○ *mittel* ○ *schwer* ●

Zutaten:

- 350 ML MILCH
- 2 EIER, GRÖSSE L
- 160 G MEHL, TYP 405
- 1 TL ZUCKER
- 1 PRISE SALZ
- NEUTRALES ÖL ZUM BRATEN

Zutaten Dekoration:

HAGEBUTTENMARMELADE (REZEPT AUF S. 80) ALS FÜLLUNG UND ZUR DEKORATION

➳ Eier in eine Schüssel schlagen. Salz, Zucker, Milch und Mehl zugeben und zu einem klumpenfreien Teig verquirlen. 30 Min. ruhen lassen.

➳ Eine beschichtete Pfanne auf großer Stufe gut vorheizen und mit etwas Öl einstreichen.

➳ Eine Portion Teig in die Pfanne geben. Die Pfanne so schwenken, dass sich der Teig gleichmäßig verteilt. Sobald der Teig auf der Oberfläche trocken wird, den Pfannkuchen wenden und fertig braten.

➳ Den Pfannkuchen aus der Pfanne nehmen und warm stellen.

➳ Für die Gespenster die Pfannkuchen dünn mit Marmelade bestreichen. und zu einem Dreieck zusammenklappen. Hagebuttenmarmelade in eine Spritze füllen, die Gesichter aufspritzen und anrichten.

Füllung:

100 G	MASCARPONE
2 EL	HAGEBUTTENMARMELADE (REZEPT AUF S. 80)
1-2 EL	SEMMELBRÖSEL

Soße:

200 ML	SCHLAGSAHNE
250 G	VOLLMILCHSCHOKOLADE

Löwen-Babys

Zubereitungszeit: **1,5 Std.** *Portionen:* **4 - 6 Löwen-Babys**

Bewertung: ○ ○ ○ ○ ○ *leicht* ○ *mittel* ○ *schwer* ●

Pastateig:

- 300 G SPÄTZLEMEHL ○
- 3 EIER, GRÖSSE L ○
- 2 EL OLIVENÖL ○
- ½ TL SALZ ○

➳ Das Mehl in eine große Schüssel geben und in der Mitte eine Vertiefung drücken. Eier, Olivenöl und Salz hineingeben und mit einer Gabel so lange mischen bis sich eine grobe Kugel formen lässt.

➳ Den Teig mit den Händen 5 - 10 Min. kneten, erst in der Schüssel, dann auf einem bemehlten Brett. Falls der Teig zu klebrig ist, noch etwas Mehl hinzugeben. Anschließend in Frischhaltefolie einschlagen und 30 Min. ruhen lassen.

➳ Für die Füllung: Mascarpone mit der Marmelade und 4 EL Sahne mischen und die Semmelbrösel unterheben. Dadurch wird die Füllung etwas fester.

➳ Den Teig aus der Folie nehmen und in fünf gleich große Portionen teilen. Jede Portion auf einem bemehlten Brett in Größe eines DIN-A4-Blatts ausrollen und 12 Kreise (ø 6 cm) ausstechen.

➳ 1 TL Füllung in die Mitte eines Teigkreises geben und die Ränder mit Wasser bestreichen. Einen zweiten Teigkreis auf die auf die Füllung legen und die Ränder mit einer Gabel festdrücken.

➳ Die restliche Sahne erhitzen und die Vollmilchschokolade darin schmelzen.

➳ Reichlich Wasser aufkochen. Salz zugeben (1 l Wasser - 1 TL Salz) und die Ravioli im Salzwasser 3 - 5 Min. garen. Aus dem Wasser nehmen und abtropfen lassen.

➳ Etwas Soße in eine Spritze füllen und damit lachende Gesichter auf die Sonnen zeichnen.

Gruselkekse

Zubereitungszeit: 1 Std. + Ruhezeit **Portionen:** 12 - 15 Kekse

Bewertung: ○ ○ ○ ○ ○ leicht ○ mittel ● schwer ○

Zutaten:

350 G	WEIZENMEHL, TYP 405	○
200 G	KALTE BUTTER	○
1	EI, GRÖSSE M	○
80 G	PUDERZUCKER	○
40 G	VANILLEZUCKER	○
1 PRISE	SALZ	○
½	BIO-ZITRONE (Abrieb)	○

Zutaten Dekoration:

HAGEBUTTENMARMELADE (REZEPT AUF S. 80), PUDERZUCKER ZUM BESTÄUBEN UND HALLOWEEN-AUSSTECHFÖRMCHEN NACH WAHL

➳ Mehl in eine Schüssel sieben. Zucker, Salz und den Zitronenabrieb unterheben.

➳ Butter in Stücken über dem Mehl verteilen. Das Ei zugeben und zügig zu einem glatten Teig kneten. Ansonsten wird der Teig durch die Handwärme brandig und verliert seine Bindung.

➳ Den Teig in Klarsichtfolie einschlagen und im Kühlschrank 2 - 3 Std. ruhen lassen.

➳ Den Backofen auf 170 °C (Ober- und Unterhitze) vorheizen.

➳ Die Arbeitsfläche mit wenig Mehl ausstauben. Den Teig darauf ca. 5 mm dick ausrollen und die Kekse ausstechen.

➳ Ein Backblech mit Backpapier belegen und die Kekse darauf verteilen. Auf der mittleren Schiene ca. 10 Min. backen. Abkühlen lassen.

➳ Die unteren Keksplatten mit Marmelade bestreichen, den zweiten Keks draufdrücken und mit Puderzucker bestäuben.

Minz-Dip:

200 G	JOGHURT	○
200 G	MAGERQUARK	○
1 PRISE	SALZ	○
1-2	STÄNGEL FRISCHE MINZE	○

Zutaten Dekoration:

TOMATEN, HASELNUSSKERNE

Elch-Küchlein

Zubereitungszeit: **1 Std.** *Portionen:* **4 - 6 Elch-Küchlein**

Bewertung: ○ ○ ○ ○ ○ *leicht* ○ *mittel* ○ *schwer* ●

Frikadelle:

- 200 G BULGUR ○
- 500 G GEMISCHTES HACKFLEISCH ○
- 100 G WALNUSSKERNE, GROB GEHACKT ○
- ½ BD. SCHNITTLAUCH ○
- 1 ZWIEBEL ○
- 1 KNOBLAUCHZEHE ○
- 1 TL INGWER, GEHACKT ○
- ½ TL NELKEN, GEMAHLEN ○
- ½ TL PIMENT, GEMAHLEN ○
- 2 EIER, GRÖSSE L ○
- 200 G SEMMELBRÖSEL ○
- SALZ, PFEFFER, SONNENBLUMENÖL ○

➳ Bulgur in ca. 0,5 l kochendes Wasser geben. 1/2 TL Salz zugeben und nochmals aufkochen. Den Topf vom Herd nehmen und 8 - 10 Min. ausquellen lassen.

➳ Den Backofen auf 100 °C (Ober- und Unterhitze) vorheizen.

➳ Schnittlauch waschen, trocken schleudern und in Röllchen schneiden. Zwiebel und Knoblauch schälen und fein hacken. Öl in einer Pfanne bei mittlerer Stufe erhitzen. Zwiebel, Knoblauch und Ingwer darin glasig dünsten.

➳ Bulgur über einem feinen Sieb abschütten und abtropfen lassen. Hackfleisch, Zwiebeln, Schnittlauch, gehackte Walnusskerne und die Gewürze zum Bulgur geben und gut verkneten. Falls der Teig noch zu feucht ist, etwas Semmelbrösel zugeben.

➳ Mit feuchten Händen 15 Küchlein formen und in Semmelbrösel wenden. Öl bei mittlerer Stufe in der Pfanne erhitzen und die Küchlein von beiden Seiten goldbraun anbraten. Aus der Pfanne nehmen und im Backofen ziehen lassen.

➳ Minze waschen, die Blätter abzupfen und ganz fein hacken. Joghurt mit dem Quark glattrühren. Die Minze zugeben und mit Salz abschmecken.

➳ Zwei Küchlein auf einen Teller legen. Von einer Tomate eine Scheibe abschneiden und diese als Nase auf das Gesicht legen.

➳ Etwas Dip in eine Haushaltsspritze füllen und damit Augen, Mund und Geweih aufspritzen. Haselnüsse als Pupillen in die Augen drücken. Von einem weiteren Küchlein zwei Scheiben abschneiden und als Ohren anlegen.

Rudi Rentier

Zubereitungszeit: **20 Min.** *Portionen:* **4 - 5 Rentiere**

Bewertung: ○ ○ ○ ○ ○ *leicht* ● *mittel* ○ *schwer* ○

Frischkäse-Walnuss-Aufstrich:

- 200 G FRISCHKÄSE ○
- 40 WALNÜSSE ○
- 2 EL MILCH ○
- 2 EL GEHACKTER SCHNITTLAUCH ○
- 1 PRISE SALZ ○

Zutaten je Rentier:

- 1,5 RUNDE VOLLKORNBROTSCHEIBEN ○
- 1 HASELNUSSKERN ○
- 2 ETWAS ROTE PAPRIKASCHOTE ○

➳ Die Walnüsse knacken, einige schöne Kerne zur Dekoration beiseitelegen und die restlichen Kerne in der Küchenmaschine fein mahlen.

➳ Frischkäse mit der Milch glattrühren. Mit den restlichen Zutaten mischen und mit Salz abschmecken.

➳ Aus den Brotscheiben die Einzelteile für das Rentier zuschneiden und mit Aufstrich bestreichen.

➳ Die Brotstücke auf einer Platte zum Rentier zusammensetzen.

➳ Mit Walnusskernen das Geweih und mit der Haselnuss das Auge dekorieren.

➳ Aus dem Paprikastück mit Hilfe eines Kernlochausstechers ein rundes Stück ausstechen und als Nase verwenden.

➳ Zum Schluss aus einem kurzen Stück Schnittlauch den Mund und aus Paprika die Hufe herstellen.

Waldmeistersirup

Tipp:
Durch verringerten Zuckeranteil schimmeln Marmeladen, Gelees und Sirupe schneller. In der Gefriertruhe halten sie aber mindestens ein Jahr.

Zutaten

25	STÄNGEL WALDMEISTER	○
500 ML	WASSER	○
350 G	ROHROHRZUCKER	○
½	BIO-ZITRONE IN SCHEIBEN	○

➳ Die Stängel mit einem Faden zusammenbinden, an einem warmen Ort aufhängen und ca. 12 Std. antrocknen lassen.

➳ Wasser aufkochen und Zucker zugeben. So lange kochen lassen bis sich der Zucker komplett aufgelöst hat.

➳ Den Topf vom Herd nehmen. Waldmeister und Zitronenscheiben zugeben und zugedeckt 24 Std. ziehen lassen.

➳ Zitronen und Waldmeister entfernen und den Sirup durch ein ganz feines Sieb gießen. Nochmals aufkochen und zügig in Schraubgläser füllen.

➳ Der Sirup hält sich ungeöffnet 3 Monate und nach dem Öffnen nur kurze Zeit im Kühlschrank.

Mädesüßgelee

Zutaten

5-7	BLÜTENSTÄNDE MÄDESÜSS	○
500 ML	APFELSAFT, NATURTRÜB	○
500 ML	WASSER	○
300 G	ROHROHRZUCKER	○
1	BIO-ZITRONE	○
8 G	AGAR-AGAR (2 GEHÄUFTE TL)	○

➳ Die Zitrone heiß waschen. Abtrocknen, schälen und den Saft auspressen.

➳ Apfelsaft, Wasser, Zitronenschale und -saft zusammen aufkochen. Vom Herd ziehen und die Mädesüßblüten hineingeben. Über Nacht ziehen lassen.

➳ Fünf Schraubgläser à 250 ml sowie die Deckel mit kochendem Wasser ausspülen. Anschließend kopfüber auf einem sauberen Küchentuch abtropfen lassen.

➳ Den Sud durch ein feines Sieb gießen. Zucker mit Agar-Agar mischen und in die Flüssigkeit geben. Gut durchmischen und aufkochen. 2 Min. kochen lassen und heiß in die vorbereiteten Schraubgläser füllen.

Hagebuttenmarmelade

Tipp:
Durch verringerten Zuckeranteil schimmeln Marmeladen, Gelees und Sirupe schneller. In der Gefriertruhe halten sie aber mindestens ein Jahr.

Zutaten

1 KG	HAGEBUTTEN
1,5 L	APFELSAFT, NATURTRÜB
500 G	ROHROHRZUCKER
1	BIO-ZITRONE (SAFT UND SCHALE)
5 EL	APFELPEKTIN

- Hagebutten waschen. Stiele und Blütenstände mit einer Schere entfernen.
- Hagebutten und Zitronenschalen mit 1 l Apfelsaft aufkochen und 30 Min. köcheln lassen. Die Früchte mit einem Kartoffelstampfer zerquetschen und über Nacht ziehen lassen.
- 0,5 l Apfelsaft zugeben, umrühren und erwärmen. Sobald die Masse zu dampfen beginnt, alles portionsweise durch ein Sieb streichen.
- Zucker mit Apfelpektin mischen. Mit dem Zitronensaft zum Hagebuttenmus geben und aufkochen. 5 Min. kochen lassen und in sterile Schraubgläser füllen. Über Kopf abkühlen lassen.

Holunderblütensirup

Zutaten

15-20	BLÜTENDOLDEN	○
1,5 L	WASSER	○
750 G	ROHROHRZUCKER	○
20 G	ZITRONENSÄURE	○
2	BIO-ZITRONEN	○
1	VANILLESCHOTE	○

➳ Die Blütendolden vorsichtig kopfüber ausschütteln, um sie von den Insekten zu befreien. Nicht waschen, denn dadurch würde der wertvolle Blütenstaub verloren gehen.

➳ Zitronen waschen, trocken reiben und die Schale abschälen. Zitronen halbieren und den Saft auspressen. Die Vanilleschote längs halbieren und das Mark herauskratzen.

➳ In einem großen Topf das Wasser mit Zucker, Zitronensäure, Zitronenschale und -saft sowie dem Vanillemark und der -schale mischen und unter Rühren aufkochen.

➳ Die Dolden in den Sud geben und zugedeckt 2 Tage ziehen lassen.

➳ Den Sud abseihen, aufkochen und heiß in desinfizierte Flaschen füllen.

Meine Wilde Kinderküche

Kochen, backen, kreativ sein und Neues probieren. Auf den nächsten Seiten findest du viel Platz für eigene Rezepte und Ideen. Fülle die Seiten mit deinen Lieblingsrezepten und gestalte sie, wie es dir gefällt.

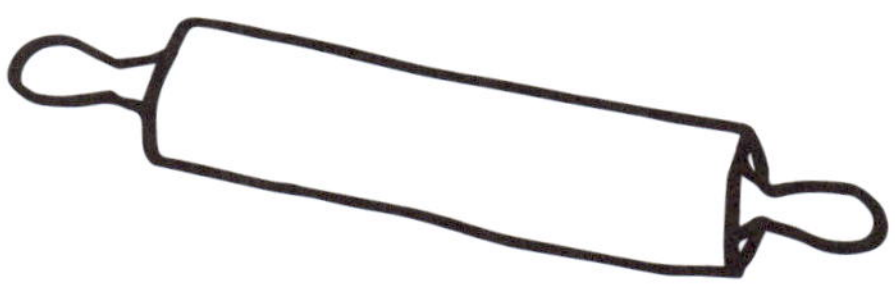

Rezept:

Zubereitungszeit: Portionen:

Bewertung: ○ ○ ○ ○ ○ leicht ○ mittel ○ schwer ○

Zutaten:

MENGE:	ZUTAT:	MENGE:	ZUTAT:

FOTO ODER ZEICHNUNG VOM FERTIGEN GERICHT:

ZUBEREITUNG:

Rezept:

Zubereitungszeit: Portionen:

Bewertung: ○ ○ ○ ○ ○ leicht ○ mittel ○ schwer ○

Zutaten:

MENGE:	ZUTAT:	MENGE:	ZUTAT:

FOTO ODER ZEICHNUNG VOM FERTIGEN GERICHT:

ZUBEREITUNG:

Rezept:

Zubereitungszeit: Portionen:

Bewertung: ○ ○ ○ ○ ○ leicht ○ mittel ○ schwer ○

Zutaten:

MENGE:	ZUTAT:	MENGE:	ZUTAT:

FOTO ODER ZEICHNUNG VOM FERTIGEN GERICHT:

ZUBEREITUNG:

Rezept:

Zubereitungszeit: Portionen:

Bewertung: ○ ○ ○ ○ ○ leicht ○ mittel ○ schwer ○

Zutaten:

MENGE:	ZUTAT:	MENGE:	ZUTAT:

FOTO ODER ZEICHNUNG VOM FERTIGEN GERICHT:

ZUBEREITUNG:

Rezept:

Zubereitungszeit: Portionen:

Bewertung: ○ ○ ○ ○ ○ leicht ○ mittel ○ schwer ○

Zutaten:

MENGE:	ZUTAT:	MENGE:	ZUTAT:

FOTO ODER ZEICHNUNG VOM FERTIGEN GERICHT:

ZUBEREITUNG:

Rezept:

Zubereitungszeit: Portionen:

Bewertung: ○ ○ ○ ○ ○ leicht ○ mittel ○ schwer ○

Zutaten:

MENGE:	ZUTAT:	MENGE:	ZUTAT:

FOTO ODER ZEICHNUNG VOM FERTIGEN GERICHT:

ZUBEREITUNG:

Rezept:

Zubereitungszeit: Portionen:

Bewertung: ○ ○ ○ ○ ○ leicht ○ mittel ○ schwer ○

Zutaten:

MENGE:	ZUTAT:	MENGE:	ZUTAT:

FOTO ODER ZEICHNUNG VOM FERTIGEN GERICHT:

ZUBEREITUNG:

Rezept:

Zubereitungszeit: Portionen:

Bewertung: ○ ○ ○ ○ ○ leicht ○ mittel ○ schwer ○

Zutaten:

MENGE:	ZUTAT:	MENGE:	ZUTAT:

FOTO ODER ZEICHNUNG VOM FERTIGEN GERICHT:

ZUBEREITUNG:

Rezept:

Zubereitungszeit: Portionen:

Bewertung: ○ ○ ○ ○ ○ leicht ○ mittel ○ schwer ○

Zutaten:

MENGE:	ZUTAT:	MENGE:	ZUTAT:

FOTO ODER ZEICHNUNG VOM FERTIGEN GERICHT:

ZUBEREITUNG:

Rezept:

Zubereitungszeit: Portionen:

Bewertung: ○ ○ ○ ○ ○ leicht ○ mittel ○ schwer ○

Zutaten:

MENGE:	ZUTAT:	MENGE:	ZUTAT:

FOTO ODER ZEICHNUNG VOM FERTIGEN GERICHT:

ZUBEREITUNG:

Rezept:

Zubereitungszeit: Portionen:

Bewertung: ○ ○ ○ ○ ○ leicht ○ mittel ○ schwer ○

Zutaten:

MENGE:	ZUTAT:	MENGE:	ZUTAT:

FOTO ODER ZEICHNUNG VOM FERTIGEN GERICHT:

ZUBEREITUNG:

Rezept:

Zubereitungszeit: Portionen:

Bewertung: ○ ○ ○ ○ ○ leicht ○ mittel ○ schwer ○

Zutaten:

MENGE:	ZUTAT:	MENGE:	ZUTAT:

FOTO ODER ZEICHNUNG VOM FERTIGEN GERICHT:

ZUBEREITUNG:

Rezept:

Zubereitungszeit: Portionen:

Bewertung: ○ ○ ○ ○ ○ leicht ○ mittel ○ schwer ○

Zutaten:

MENGE:	ZUTAT:	MENGE:	ZUTAT:

FOTO ODER ZEICHNUNG VOM FERTIGEN GERICHT:

ZUBEREITUNG:

Rezept:

Zubereitungszeit: Portionen:

Bewertung: ○ ○ ○ ○ ○ leicht ○ mittel ○ schwer ○

Zutaten:

MENGE:	ZUTAT:	MENGE:	ZUTAT:

FOTO ODER ZEICHNUNG VOM FERTIGEN GERICHT:

ZUBEREITUNG: